CURIEUX DE TOI
SEIGNEUR

Auteur : La Diffusion Catéchistique-Lyon
Isabelle Quiblier (diocèse de Lyon), Florence Brias (diocèse de Valence), Isabelle Ungeschiekt (diocèse d'Autun), Colette Jeannin (diocèse de Besançon), Germaine Dujoux (diocèse d'Annecy), Geneviève Troussel (diocèse de Saint-Étienne), Geneviève Astier (diocèse de Lyon).

Histoires : *La petite Terre*, Aline de Pétigny, Éditions *Histoires pour penser à l'endroit*, www.pourpenser.fr (p. 8-12) ; *La ville dans la nuit*, Marie-Hélène Delval, © Bayard Presse – Pomme d'Api n° 298 – 1990 (p. 26-29).

BD : Texte de Christine Ponsard (p. 36-37) tiré de *Les miracles de Jésus en BD* (© Mame, Paris, 2012) ; texte original de Jean-François Kieffer d'après Christine Ponsard (p. 50-51, p. 66-67, p. 88-90).

Chants (paroles et musique) : Georges Goudet (*Fragile création*, p. 13 ; *Un nouveau jour*, p. 65) ; Jean-François Kieffer (*Lumière de Noël*, p. 30) ; Jean-Noël Klinguer (*Je mets mes pas dans tes pas*, p. 48) ; Danielle Sciaky (*Sur ton grand bateau*, p. 85).

Introductions aux textes bibliques : Père Christophe Raimbault, Sophie de Mullenheim.

Pour le texte sur Louise de Marillac (p. 20-21) : d'après Sophie de Mullenheim.

Remerciements : Pour l'écriture d'histoires créées pour le livre : Élisabeth Courtois (p. 60-64 et 80-84), Jean-Luc Naouri (p. 44-47).

Illustrations : Madeleine Brunelet (p. 78, p. 80-84) ; Éléonore Della Malva (couverture, p. 13, p. 22-23, p. 30, p. 40-41, p. 48, p. 56-57, p. 58, p. 65, p. 76-77, p. 85, p. 94-95) ; Laure Fournier (p. 14, p. 19, p. 31-34, p. 49, p. 52, p. 68-72, p. 86-87) ; Jean-François Kieffer (p. 16-17, p. 24, p. 36-37, p. 50-51, p. 66-67, p. 88-90) ; Julie Olivier (p. 20-21, p. 38-39, p. 54-55, p. 74-75, p. 92-93) ; Éric Puybaret (p. 6, p. 9-12, p. 15, p. 27, p. 29, p. 35, p. 53, p. 73, p. 91) ; Florian Thouret (p. 42, p. 44-47, p. 60-64).

Direction artistique : Élisabeth Hebert
Conception graphique : Ariane Bienaymé
Mise en pages : les PAOistes

CD : Musiciens : Guitares, mandoline : Joël Roulleau ; Batterie, percussions : Thierry Chauvet-Peillex ; Flûte traversière, clarinettes et saxophones soprano, alto, ténor et baryton : Francis Cournet ; Flûtes à bec alto et ténor, davoul, crotales et clochettes : Bruno Ortega ; Piano, accordéon et programmation : José Gurdak • Interprètes : Les Amis de tous les Enfants du Monde (Aimie, Ambre, Anaëlle, Camille, Chloé, Clémence, Faustine, Margaux, Simon et Timoté) ; Direction : Eric Bessot. Bénédicte Lécroart • Arrangements, direction musicale et réalisation : José Gurdak, Studio : Cristal Music.

Nihil Obstat, le 4 mai 2014, père Bruno Bataillon
Imprimatur à usage catéchétique, le 13 mai 2014, Cardinal Philippe Barbarin, archevêque de Lyon

www.fleuruseditions.com • www.alarencontreduseigneur.fr

« Loi n° 49-956 du 16 juillet 1949 sur les publications destinées à la jeunesse. »
ISBN : 978-2-7105-0537-2 • MDS : 538 117 • N° d'édition : 14143
Achevé d'imprimer par Edelvives (Espagne) en mai 2014 • Dépôt légal : juin 2014

CECC Faire vivre l'Église

Avec ce document vous soutenez la responsabilité de catéchèse dans l'Église,
et vous contribuez à une solidarité financière entre les diocèses de France.
Les évêques de la Commission épiscopale de la catéchèse et du catéchuménat (CECC).

À la rencontre du Seigneur

LA DIFFUSION CATÉCHISTIQUE - LYON • MAME - TARDY

CURIEUX DE TOI SEIGNEUR

SOMMAIRE

TOI, MOI, NOUS, LA TERRE, MERCI SEIGNEUR !

JÉSUS, TOI NOTRE LUMIÈRE

AVEC TOI JÉSUS

PAR TOI SEIGNEUR, LA VIE JAILLIT !

ENSEMBLE AU SOUFFLE DE L'ESPRIT

TOI, MOI, NOUS, LA TERRE, MERCI SEIGNEUR ! | JÉSUS, TOI NOTRE LUMIÈRE | AVEC TOI JÉSUS | PAR TOI SEIGNEUR, LA VIE JAILLIT ! | ENSEMBLE AU SOUFFLE DE L'ESPRIT

TOI, MOI, NOUS, LA TERRE,
MERCI SEIGNEUR !

La petite Terre

Il y avait une fois une Terre bien jolie, une Terre comme il y en a peu dans l'univers.
Elle n'était pas bien grande, mais riche de beaucoup de choses et ceux qui y vivaient avaient tout ce qu'ils voulaient.
Mais voilà… Ceux qui y vivaient manquaient de sagesse.
Ils vivaient vite, sans prendre le temps de goûter, de profiter.
Ils ne prenaient jamais le temps d'écouter, de respirer.
Pourtant, un petit moment bien tranquille, ce n'est pas grand-chose.
Un petit moment pour passer le temps, c'est trois fois rien et ça fait du bien.
Ils avaient la triste habitude de ne penser qu'à eux.
– Je veux ceci, disaient les uns.
– Je veux cela, disaient les autres.
Et chacun se servait sans penser à son voisin.
Ils dépensaient sans compter toutes les richesses que cette petite Terre avait patiemment mises de côté.
Et à force de tout prendre, il ne restait presque plus rien, ni pour les uns, ni pour les autres.
Ils la salissaient cette jolie petite Terre, sans se soucier, sans réfléchir.
Et puis ils lui faisaient mal avec leurs guerres.
Et au bout d'un moment, sur la jolie petite Terre, il y avait d'un côté ceux qui avaient beaucoup de choses et, de l'autre ceux qui n'avaient plus grand-chose, les premiers ne se souciant pas trop des derniers.
Sur cette petite Terre, c'était un peu chacun pour soi. Beaucoup trouvaient ça trop difficile, trop compliqué de s'occuper des autres.

Ils voulaient bien donner des sous pour aider des gens loin, bien loin d'eux. Ça n'engageait à rien.
Mais s'occuper de son voisin, bien souvent, c'était trop demander.
Non ! Chacun chez soi !
La petite Terre aimait tendrement ses habitants, comme une maman aime ses enfants.
Elle les grondait de temps en temps, essayait de leur dire avec ses maux qu'ils devaient être plus sages, qu'il leur fallait grandir, être moins capricieux.
Mais rien n'y faisait. Ils n'écoutaient pas, n'entendaient rien et continuaient à n'en faire qu'à leur tête.
La petite Terre n'en pouvait plus de voir que ses enfants ne voulaient rien voir et faire comme si tout était parfait, comme si rien n'allait de travers.

– Elfes et fées, ne pouvez-vous m'aider ? demanda un beau jour la petite Terre à ses amis. Mes enfants ne veulent rien entendre et, s'ils n'apprennent pas à vivre ensemble, s'ils n'apprennent pas la sagesse, la bonté, la patience, je ne sais pas ce qu'il adviendra d'eux. Je ne serai pas toujours là pour les guider.
– Oui tu as raison, il est temps que nous intervenions, dirent les fées et les elfes. Nous n'avons que trop tardé.
Les fées et les elfes s'envolèrent alors de-ci de-là et soufflèrent aux enfants de la Terre de bonnes idées.
– Faites attention à votre petite Terre ! fit l'elfe de la Paix Verte qui, depuis longtemps, aimait voguer sur les océans pour protéger sa Terre.
– Ne gaspillez plus ses richesses ! dit la fée Urgania qui avait à cœur de recycler.
– Prenez soin de vos amis ! murmura la fée Douce Ange qui aimait à préparer au creux de son jardin des huiles magiques pour soigner ses amis.
– Partagez ! chuchota Lila.
– Écoutez ! dit Ziza.
– Semez la Paix, chanta l'elfe Kokopelli pour qui les graines étaient si importantes.
– Aimez-la, aimez-vous ! conseilla Arthémise qui savait que tout était possible.
Certains des enfants de la Terre entendirent ces murmures et se mirent aussitôt au travail. Ils commencèrent à nettoyer leur petite Terre, à la chouchouter, à faire attention à ses richesses.
Certains des enfants de la Terre entendirent ces chuchotis et se mirent à inventer de nouvelles sources d'énergie avec le vent, le soleil, les plantes, la mer…

Certains des enfants de la Terre entendirent ces susurrements et se mirent à parler à ceux qui entendaient mal, à leur parler de joies, des autres, d'eux-mêmes.

La petite Terre remarqua que les plus jeunes de ses enfants, ceux qu'on disait les plus petits, étaient en fait les plus sages et que, grâce à eux, les plus grands commençaient à changer, à regarder leur petite Terre avec plus de tendresse.

– Si de temps en temps, vous preniez le temps d'être un enfant, vous verriez les choses autrement, murmura-t-elle aux grands.

Alors, la petite Terre bien jolie, toute petite dans l'univers, se dit que ses enfants, aidés par les elfes et les fées, aidés par les plus jeunes d'entre eux, pourraient peut-être un jour apprendre la sagesse, la bonté, la patience, et qu'elle pourrait ainsi continuer de tourner tout autour du soleil pendant encore bien longtemps.

Soyons heureux là, maintenant, tout de suite, sans attendre, soyons heureux, ça sera bon pour notre planète, ça polluera moins l'atmosphère, alors soyons heureux, là maintenant, tout de suite sans attendre !

Fragile création

1. Un rayon de soleil fait danser le matin.
Les étoiles et la lune se disent : « À demain. »
Les montagnes éblouies se dressent tout là-haut.
Oh, oui ! le monde est grand, oh, oui ! le monde est beau !

Refrain : Grand le monde, un monde à partager
Beau le monde, un monde à respecter
Grand le monde, ô merci Seigneur !
Beau le monde, ô merci Seigneur !

2. Dans l'univers si grand, on pourrait dessiner
Sur la planète bleue, ce qu'il faut protéger :
La nature, l'air et l'eau et tous les animaux.
Oh, oui ! le monde est grand, oh, oui ! le monde est beau !

3. Avec un peu de terre, comme ferait le potier
Tu modèles et tu tournes la pièce à fabriquer
Et l'argile devient chef-d'œuvre entre tes mains :
Oh, oui ! le monde est beau, oh, oui ! le monde est grand !

4. Et puis jour après jour, chacun grandit aussi.
Être un enfant toujours mais sans rester petit.
Pour découvrir le monde, l'oiseau prend son élan :
Oh, oui ! le monde est beau, oh, oui ! le monde est grand !

5. Ensemble, à notre tour, on peut changer les choses.
Un sourire, un merci, un mot gentil se pose.
Un chagrin consolé, une main qui se tend :
Oh, oui ! le monde est beau, oh, oui ! le monde est grand !

Dieu infiniment bon a choisi de créer le monde, le jour et la nuit, la terre et la mer, les plantes et les animaux, puis il créa l'homme…

La création

(Genèse 2, 7.18-22)

7 Alors le Seigneur Dieu modela l'homme avec la poussière tirée du sol ;
il insuffla dans ses narines le souffle de vie, et l'homme devint un être vivant.

18 Le Seigneur Dieu dit : « Il n'est pas bon que l'homme soit seul.
Je vais lui faire une aide qui lui correspondra. »

19 Avec de la terre, le Seigneur Dieu modela toutes les bêtes des champs
et tous les oiseaux du ciel,
et il les amena vers l'homme pour voir quels noms il leur donnerait.
C'étaient des êtres vivants, et l'homme donna un nom à chacun.

20 L'homme donna donc leurs noms à tous les animaux,
aux oiseaux du ciel et à toutes les bêtes des champs.
Mais il ne trouva aucune aide qui lui corresponde.

21 Alors le Seigneur Dieu fit tomber sur lui un sommeil mystérieux,
et l'homme s'endormit. Le Seigneur Dieu prit une de ses côtes,
puis il referma la chair à sa place.

22 Avec la côte qu'il avait prise à l'homme,
il façonna une femme et il l'amena vers l'homme.

Chantons au Seigneur toute la terre,
chantons et bénissons son nom !

Pour tout ce que tu as créé,
Seigneur nous te louons, nous te remercions.

Pour le soleil, la lune, les étoiles, la nuit et le jour,
Seigneur nous te louons, nous te remercions.

Pour la pluie, le vent, le froid, la neige,
Seigneur nous te louons, nous te remercions.

Pour les rivières, les montagnes, toutes les plantes de la terre,
Seigneur nous te louons, nous te remercions.

Pour les océans, les déserts, pour tous les animaux de la terre,
de la mer et du ciel,
Seigneur nous te louons, nous te remercions.

Pour tous les hommes, les femmes, les enfants de la terre,
Seigneur nous te louons, nous te remercions.

Pour ton Amour qui chaque jour nous soutient
et nous fait vivre pour nous conduire vers toi,

Seigneur nous te louons, nous te remercions.

(D'après le psaume 95 et le cantique de Daniel)

La guérison du sourd-muet

(Marc 7, 31-37)

La guérison du sourd-muet

(Marc 7, 31-37)

31 Jésus quitta le territoire de Tyr ; passant par Sidon,
il prit la direction de la mer de Galilée et alla en plein territoire de la Décapole.

32 Des gens lui amènent un sourd qui avait aussi de la difficulté à parler
et supplient Jésus de poser la main sur lui.

33 Jésus l'emmena à l'écart, loin de la foule, lui mit les doigts dans les oreilles,
et, avec sa salive, lui toucha la langue.

34 Puis, les yeux levés au ciel, il soupira et lui dit :
« Effata ! », c'est-à-dire : « Ouvre-toi ! »

35 Ses oreilles s'ouvrirent ; sa langue se délia, et il parlait correctement.

36 Alors Jésus leur ordonna de n'en rien dire à personne ;
mais plus il leur donnait cet ordre,
plus ceux-ci le proclamaient.

37 Extrêmement frappés, ils disaient :
« Il a bien fait toutes choses :
il fait entendre les sourds et parler les muets. »

Dieu appelle Jérémie
pour parler en son nom.
Il est présent à ses côtés.
Un jour, Dieu invite Jérémie
à aller voir travailler un potier
pour lui permettre de comprendre
que Dieu modèle son peuple
avec patience et douceur.

Jérémie chez le potier

(Jérémie 18, 1-6)

1 Parole du Seigneur adressée à Jérémie :

2 « Lève-toi, descends à la maison du potier ;
là, je te ferai entendre mes paroles. »

3 Je descendis donc à la maison du potier.
Il était en train de travailler sur son tour.

4 Le vase qu'il façonnait de sa main avec l'argile fut manqué. Alors il recommença,
et il fit un autre vase, selon ce qu'il est bon de faire, aux yeux d'un potier.

5 Alors la parole du Seigneur me fut adressée :

6 « Maison d'Israël, est-ce que je ne pourrais pas vous traiter comme fait ce potier ?
– oracle du Seigneur. Oui, comme l'argile est dans la main du potier,
ainsi êtes-vous dans ma main, maison d'Israël ! »

Louise de Marillac

Une sonnette retentit. Louise va vite ouvrir, devant elle se tient une jeune paysanne.

– Bonjour, dit Louise, que puis-je pour vous ?

– Je m'appelle Jeanne et je veux être « Fille de la Charité ».

– Nous vous accueillons avec joie, Jeanne. Déposez vos affaires et venez manger avec nous.

Louise accompagne Jeanne à la salle à manger où l'attendent de nombreuses femmes.

– Jeanne, je vous présente les Filles de la Charité, dit Louise en montrant les jeunes femmes rassemblées.

Elle ajoute :
– Voici Jeanne qui vient s'occuper des pauvres avec nous pour la gloire de notre Seigneur.

Des applaudissements retentissent en signe de bienvenue.

Jeanne rejoint une table où l'on se serre pour lui faire de la place. Après la prière du bénédicité, le repas commence dans une ambiance joyeuse. La nourriture est copieuse car toutes ces jeunes femmes qui ont décidé d'aider les plus pauvres ont un travail très fatigant. Toute la journée, elles vont dans les rues, dans les hôpitaux, pour soulager la misère, distribuer des repas, des vêtements, à tous ceux qu'elles rencontrent. Pour les soulager, elles ont aussi le sourire et la prière.

Louise a fondé la compagnie des Filles de la Charité après la mort de son mari. Elle décide alors de passer le reste de sa vie à organiser, à soutenir toutes ces jeunes filles voulant comme elle aider les plus pauvres tout en priant le Seigneur. Elle a été une grande amie de Vincent de Paul. Elle a été reconnue sainte par l'Église catholique, elle est fêtée le 15 mars.

La première compagnie **des Filles de la Charité** est née en 1633. Elle rassemble des jeunes filles de tous les milieux (des nobles mais aussi des paysannes) voulant consacrer leur vie à Dieu tout en aidant les pauvres, en allant chez eux et en vivant au milieu d'eux. Elles apportent aussi leur aide dans les hôpitaux et dans les écoles.
Aujourd'hui encore, il y a des Filles de la Charité très actives partout dans le monde.

Création

Regardons ce qui nous entoure, ce qui nous fait vivre : les plantes, les animaux, les êtres humains, c'est la « création ». Nous, chrétiens, nous croyons que c'est Dieu qui est à l'origine de tout cela : il est créateur. Dieu veut notre bonheur et Il a mis tout son amour dans la création !

Don

Un don est un cadeau. Le mot « don » est de la famille du verbe « donner » ! Donner gratuitement, infiniment, avec tendresse et amour, c'est ce que Dieu fait sans cesse pour les hommes. Dieu nous donne la vie. Il nous laisse libres, à nous de faire en sorte qu'elle puisse grandir !

Confiance

Lorsque tu fais confiance à quelqu'un, tu sais que tu peux compter sur lui, qu'il peut t'aider, t'écouter... que tu peux croire ce qu'il dit ou fait. À toi aussi on peut te faire confiance. Faire confiance à Dieu, c'est croire en lui.

Rendre grâce

La grâce, c'est tout ce que Dieu donne gratuitement par amour. Lui « rendre grâce », c'est reconnaître cela, s'émerveiller de ses dons et le remercier de tout son cœur.

Bénir

« Bénir », c'est « dire du bien ». Dans la Bible, plusieurs fois, Dieu bénit les hommes, il dit du bien de nous, de toi. C'est pourquoi tu peux être sûr qu'il t'aime. Toi aussi tu peux bénir Dieu en disant du bien de lui. C'est ce que nous faisons par exemple à la messe.

Bonne Nouvelle

Une bonne nouvelle est une annonce qui nous remplit de joie. Nous avons envie de la partager.
Pour les chrétiens, la Bonne Nouvelle, c'est Jésus vivant avec nous pour toujours. C'est en lisant l'Évangile (qui veut dire « bonne nouvelle » en grec) que nous découvrons ses paroles et ses gestes.

TOI, MOI, NOUS, LA TERRE, MERCI SEIGNEUR !

JÉSUS, TOI NOTRE LUMIÈRE

AVEC TOI JÉSUS

PAR TOI SEIGNEUR, LA VIE JAILLIT !

ENSEMBLE AU SOUFFLE DE L'ESPRIT

JÉSUS, TOI NOTRE LUMIÈRE

La ville dans la nuit

Il était une fois une ville où régnait la nuit. Il y avait des nuits de pleine lune et des nuits remplies d'étoiles.

Et quand la nuit était trop noire, on allumait des lampes. Mais c'était toujours la nuit. Et puis voilà qu'un voyageur arrive. Il raconte qu'il vient de loin et qu'ailleurs il y a des villes où après les heures de nuit viennent des heures de jour. Il raconte que le jour est si clair qu'on n'a même pas besoin de lampes. Les gens emmènent aussitôt le voyageur chez Monsieur le maire. Ils veulent tous que l'on fasse venir le jour dans leur ville.

Le maire se met à bougonner :

– Le jour, le jour ! Et où voulez-vous que j'aille le chercher, moi, le jour ? Et puis d'abord, combien ça coûte ?

Le voyageur répond :

– Mais, le jour ne s'achète pas, il vient !

Le maire fait :

– Ah ? Et pourquoi donc n'est-il jamais venu chez nous ?

Le voyageur répond :

– Comment le jour viendrait-il si personne ne l'attend ?

Le maire et tous les habitants en restent la bouche ouverte. Ils n'avaient jamais pensé à ça ! Puis le maire dit :

– Attendre, attendre ! Mais… comment fait-on pour attendre le jour ?

Alors une petite jeune fille blonde s'écrie en rougissant :

– Moi, je sais ! Quand j'attends une lettre de mon amoureux, je cours à la boîte aux lettres dix fois, vingt fois, jusqu'à ce qu'elle arrive. C'est sûrement comme ça qu'il faut attendre le jour, comme une lettre d'amour !

Le poète lève son doigt taché d'encre et il dit :

– Moi, je sais ! Quand j'attends un vers, une rime, la musique d'une chanson, je m'assieds, je ferme les yeux et j'écoute dans ma tête. C'est sûrement comme ça qu'il faut attendre le jour, comme un poème, comme une chanson !

Et puis la boulangère secoue son tablier plein de farine et elle dit :

– Moi, je sais ! Quand mes pains sont au four et que j'attends qu'ils cuisent, je fronce le nez jusqu'à ce que je sente la bonne odeur du pain doré. C'est sûrement comme ça qu'il faut attendre le jour, comme du bon pain !

Et tous, le jardinier et le maçon, la couturière, le pêcheur et l'épicier, le peintre et la maîtresse d'école, tous s'aperçoivent qu'ils savent comment attendre le jour.

Mais le maire bougonne encore :
– C'est bien joli, tout ça, mais ça prendra combien de temps d'attendre ?
Alors les gens s'écrient :
– On va commencer tout de suite !
Et la petite jeune fille blonde se met à courir dix fois, vingt fois, jusqu'aux portes de la ville pour voir le jour qui arrive. Et le poète reste les yeux fermés, à écouter dans sa tête si le jour arrive. Et la boulangère fronce le nez pour sentir si le jour arrive. Et tous, le jardinier et le maçon, la couturière, le pêcheur et l'épicier, le peintre et la maîtresse d'école, tous se mettent à attendre le jour.
Et bientôt, là-bas, au bord des toits, une minuscule ligne rose grandit, grandit, et brusquement, un éblouissant rayon d'or saute par-dessus les toits et il éclabousse la ville de lumière. Tout le monde crie en même temps :
– Aaaaaah !
Comme au feu d'artifice. Mais c'est encore plus beau que le feu d'artifice. C'est le jour qui est venu ! Alors, pendant tout le jour, la ville entière est en fête. Et puis, quand la nuit revient, le maire se racle la gorge et il dit :
– Bon, eh bien voilà, demain, vous élirez un autre maire. Il faut que désormais, sur notre ville, le jour revienne sans cesse après la nuit. Alors moi, maintenant, je serai veilleur de nuit et je passerai mes nuits à attendre le jour.
Et depuis ce temps-là, sur la ville, il y a des jours et des nuits.

Parfois, le soir, la boulangère, le maçon, la couturière ou le jardinier vont faire un petit tour dans le noir. Et quand ils rencontrent le veilleur qui marche dans les rues avec sa lanterne, ils lui disent :

– Eh bien, veilleur, quelle nuit noire ! On dirait qu'elle ne finira pas.

Et le veilleur répond avec un petit sourire :

– Oh, elle finira, mes amis, elle finira ! Allez dormir. Le jour vient et je l'attends.

Lumière de Noël

1. L'hiver est bien sombre, les jours sont trop gris,
mon cœur s'inquiète et désespère.
Pour sortir de l'ombre, retrouver la vie
Seigneur, je cherche ta lumière.
Pour éclairer le ciel et sortir de la nuit,
Seigneur, je cherche ta lumière ! (bis)

2. Dans la nuit profonde, le ciel a chanté :
« Bonne nouvelle pour la terre !
Joie pour notre monde, le Sauveur est né ! »
Jésus, tu es la vraie lumière !
Lumière de Noël, clarté dans notre nuit,
Jésus, tu es la vraie lumière ! (bis)

3. Par ce beau message me voici touché :
je veux connaître ton mystère ;
et comme les mages, pour mieux te trouver
Seigneur, je marche à ta lumière.
Lumière de Noël, étoile dans la nuit,
Seigneur, je marche à ta lumière ! (bis)

4. Jésus, tu rassembles ceux qui t'ont cherché,
tu nous enseignes à vivre en frères.
Pour que se répande ton Règne de Paix,
Seigneur, nous deviendrons lumière.
Pour éclairer le monde, lui partager ta vie,
Seigneur, nous deviendrons lumière ! (bis)

Une lumière a resplendi

(Isaïe 9, 1-2.5)

1 Le peuple qui marchait dans les ténèbres a vu se lever une grande lumière ;
et sur les habitants du pays de l'ombre, une lumière a resplendi.

2 Tu as prodigué la joie, tu as fait grandir l'allégresse :
ils se réjouissent devant toi, comme on se réjouit de la moisson,
comme on exulte au partage du butin.
5 Oui, un enfant nous est né, un fils nous a été donné ! Sur son épaule est le signe du pouvoir ;
son nom est proclamé : « Conseiller-merveilleux, Dieu-Fort, Père-à-jamais, Prince-de-la-Paix ».

Plusieurs centaines d'années avant la naissance de Jésus, Isaïe annonce la venue d'un Sauveur qui apportera la lumière et la paix aux hommes. Pour nous les chrétiens, ce Sauveur est Jésus.

Joseph et Marie sont obligés d'aller dans leur village d'origine, Bethléem, pour répondre à un ordre de l'empereur qui veut compter les habitants de son pays. Marie est enceinte, et la naissance de son enfant est proche. Par cette naissance, Dieu réalise ce qu'il avait promis : donner un Sauveur aux hommes.

La Nativité

(Luc 2, 4-18)

4 Joseph, lui aussi, monta de Galilée, depuis la ville de Nazareth,
vers la Judée, jusqu'à la ville de David appelée Bethléem.
Il était en effet de la maison et de la lignée de David.

5 Il venait se faire recenser avec Marie,
qui lui avait été accordée en mariage et qui était enceinte.

6 Or, pendant qu'ils étaient là,
le temps où elle devait enfanter fut accompli.

7 Et elle mit au monde son fils premier-né ;
elle l'emmaillota et le coucha dans une mangeoire,
car il n'y avait pas de place pour eux dans la salle commune.

8 Dans la même région, il y avait des bergers qui vivaient dehors
et passaient la nuit dans les champs pour garder leurs troupeaux.

9 L'ange du Seigneur se présenta devant eux,
et la gloire du Seigneur les enveloppa de sa lumière.
Ils furent saisis d'une grande crainte.

10 Alors l'ange leur dit :
« Ne craignez pas, car voici que je vous annonce une bonne nouvelle,
qui sera une grande joie pour tout le peuple :

11 Aujourd'hui, dans la ville de David,
vous est né un Sauveur qui est le Christ, le Seigneur.

12 Et voici le signe qui vous est donné :
vous trouverez un nouveau-né emmailloté et couché dans une mangeoire. »

13 Et soudain, il y eut avec l'ange une troupe céleste innombrable,
qui louait Dieu en disant :

14 « Gloire à Dieu au plus haut des cieux,
et paix sur la terre aux hommes, qu'il aime. »

15 Lorsque les anges eurent quitté les bergers pour le ciel,
ceux-ci se disaient entre eux :
« Allons jusqu'à Bethléem pour voir ce qui est arrivé,
l'événement que le Seigneur nous a fait connaître. »

16 Ils se hâtèrent d'y aller, et ils découvrirent Marie et Joseph,
avec le nouveau-né couché dans la mangeoire.

17 Après avoir vu, ils racontèrent ce qui leur avait été annoncé au sujet de cet enfant.

18 Et tous ceux qui entendirent s'étonnaient de ce que leur racontaient les bergers.

Gloire à Dieu,
au plus haut des cieux,

Et paix sur la terre
aux hommes qu'il aime !

La présentation de Jésus au Temple

(Luc 2, 27-32)

Maintenant,
Ô Maître, tu peux laisser
ton serviteur s'en aller
en paix, selon ta parole.
Car mes yeux ont vu le salut
que tu as préparé au monde:
lumière pour éclairer les nations
et gloire d'Israël,
ton peuple!

François d'Assise

Saint François naît en Italie, dans la ville d'Assise, en 1182. Ce jour-là, son père, riche marchand de tissus, voyage en France pour son travail. De retour, il décide d'appeler son fils François, ce qui veut dire « français » !

François a une vie facile, il rêve d'être riche et connu. Il devient chevalier et part à la guerre. Quelques années plus tard, dans son sommeil, il entend Dieu l'appeler. Il lui demande de choisir entre sa vie de chevalier et une vie de pauvreté et de prière.

François décide de quitter sa vie et de vivre comme Dieu le lui a demandé. Son père n'est pas d'accord, il ne comprend pas. Malgré tout, François parcourt les chemins, pour parler de l'amour de Dieu à toutes les personnes qu'il rencontre. Cette vie simple le remplit de joie.

François donne envie à d'autres de le suivre pour vivre comme lui.
Pour rassembler ces nouveaux compagnons, il fonde la Fraternité des Franciscains.

Sais-tu que, selon la tradition, c'est saint François d'Assise qui est à l'origine de la première crèche ?

En 1223, en Italie, François organise la première crèche vivante avant de célébrer la messe de Noël, afin de faire participer les habitants de son village.

Le mot « crèche » signifie « mangeoire pour les animaux ». Très vite, ce mot va désigner l'étable, la grotte où Jésus est né.

Dans la Bible, il est dit : « Marie mit au monde son fils premier-né ; elle l'emmaillota et le coucha dans une mangeoire, car il n'y avait pas de place pour eux dans la salle commune. »
(Luc 2, 7)

À l'époque de saint François, **les crèches vivantes** se multiplient. Peu à peu, elles sont remplacées par des crèches avec des figurines et sont installées dans les maisons.

Les personnages de la crèche sont ceux que l'on découvre en lisant le récit de la naissance de Jésus dans la Bible : l'enfant Jésus, Marie, Joseph, les bergers avec leurs moutons, les mages. Puis sont ajoutés l'âne et le bœuf et d'autres personnages de la vie quotidienne.

Avent

Nous avons l'impression que le mot « Avent » signifie « avant Noël ». C'est un peu vrai mais, en latin, « Avent » signifie « arrivée, venue ». Cette venue est celle de Jésus, son nom veut dire « Dieu sauve ». Dieu l'a envoyé auprès des hommes pour se faire tout proche d'eux. La période de l'Avent, qui dure quatre semaines, est donc le temps pendant lequel nous nous préparons à célébrer cette venue de Jésus parmi nous.

Sapin

Le sapin est un arbre qui garde sa verdure en hiver. Ainsi, il est le symbole de la vie au cœur de l'hiver alors que le reste de la nature semble mort. Il est installé dans beaucoup de maisons au temps de Noël, décoré, illuminé. Il est signe de fête et de vie.

Sauveur

Pour nous, chrétiens, le Sauveur, c'est Jésus. Dieu a envoyé son Fils Jésus par amour pour tous les hommes. Jésus vient les délivrer du mal et de la mort en leur donnant la Vie de Dieu, une vie pour toujours. C'est cette certitude et cette espérance qui nous permettent de traverser les situations difficiles d'aujourd'hui et de demain.

Adorer

Ce verbe est réservé à Dieu. Cela veut dire le reconnaître, l'aimer plus que tout avec un grand respect. Il se traduit par des gestes, celui de s'incliner ou de se prosterner, par des paroles, des chants.

Épiphanie

Ce mot veut dire « manifestation de Dieu ». Cette fête célèbre Dieu qui se fait connaître aux hommes du monde entier pour leur dire son amour. Les mages de l'Évangile représentent tous les hommes qui reconnaissent en Jésus le Sauveur. En France, l'Épiphanie est fêtée le dimanche le plus proche du 6 janvier.

Or, encens et myrrhe

Ces cadeaux offerts à Jésus ne sont pas des cadeaux habituels pour un nouveau-né. En lui offrant de l'or, les mages le reconnaissent comme un roi. L'encens est une résine qui, lorsqu'elle brûle, dégage une fumée odorante qui s'élève. Les mages, en offrant de l'encens, reconnaissent Jésus comme Dieu. La myrrhe est un parfum qui servait à préparer les morts avant leur enterrement. Par ce cadeau, les mages annoncent déjà la mort et la Résurrection de Jésus.

TOI, MOI, NOUS, LA TERRE, MERCI SEIGNEUR !

JÉSUS, TOI NOTRE LUMIÈRE

AVEC TOI JÉSUS

PAR TOI SEIGNEUR, LA VIE JAILLIT !

ENSEMBLE AU SOUFFLE DE L'ESPRIT

AVEC TOI JÉSUS

L'accrobranche

Aujourd'hui, c'est samedi, et Maël est très content parce qu'il va chez Tantine, pour jouer avec sa cousine Marion et son petit voisin Clément. Pendant ce temps, ses parents iront faire les magasins, afin de trouver des meubles pour sa chambre. C'est vrai que Clément est grand maintenant, et qu'il lui faudrait un grand lit, et puis un vrai bureau ! Quand Maël arrive chez Tantine, Marion et Clément sont déjà là. Comme il fait beau, ils pique-niquent tous dans le jardin. Tantine dit à Maël :

– Cet après-midi, je vous emmène faire de l'accrobranche !

L'accrobranche, c'est génial, on se promène entre ciel et terre, dans les arbres !

Maël commence le premier ; il grimpe sur des échelles de cordes, jusqu'à un pont de petites lames de bois qui se balance lentement au-dessus du vide. Maël avance avec précaution, sa main glissant le long de la corde pour garder l'équilibre. Mais Marion et Clément trouvent sans doute qu'il ne va pas assez vite, et le doublent à grands pas !

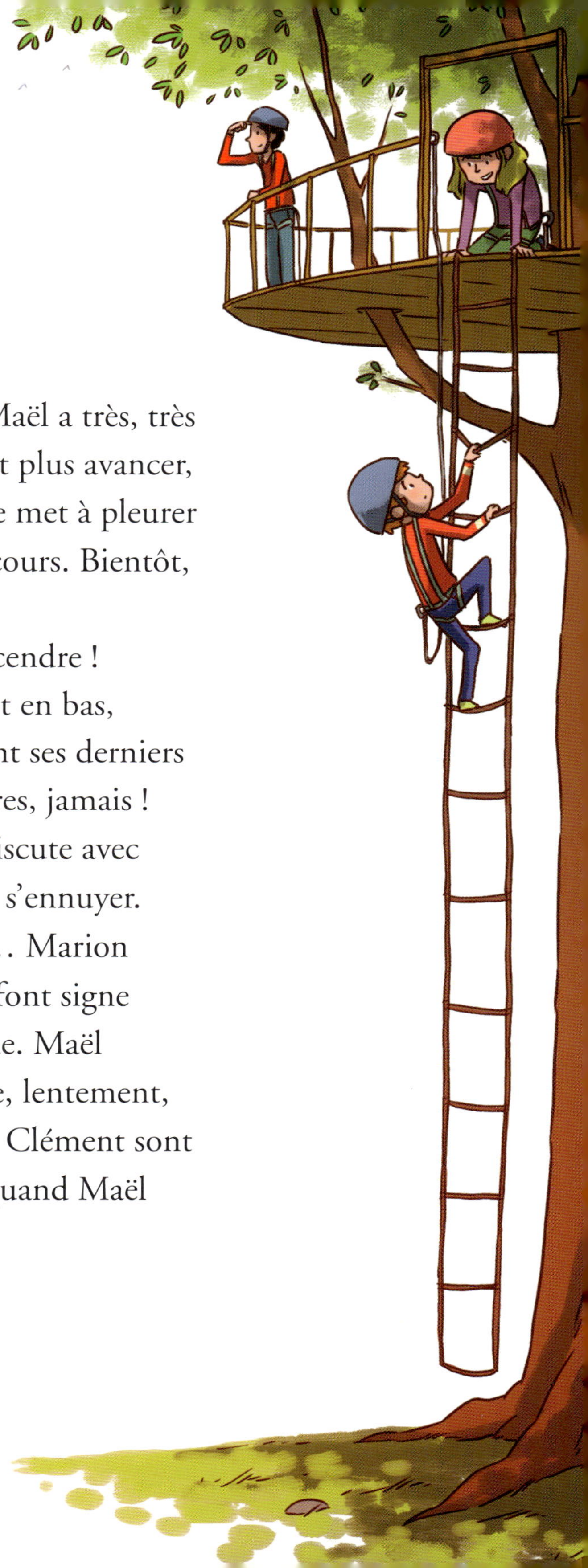

Le pont se met à se balancer, et à onduler ! Maël a très, très peur. Il reste immobile, ses jambes ne veulent plus avancer, et de grosses larmes lui brouillent la vue. Il se met à pleurer très fort, comme pour appeler Tantine au secours. Bientôt, il entend la voix de Tantine derrière lui :

– Ne crains rien, j'arrive, je vais t'aider à descendre !

Une main le guide, et le rassure. Il est bientôt en bas, sur un banc, et boit un peu d'eau en étouffant ses derniers sanglots. Jamais il ne remontera dans les arbres, jamais ! Mais, au bout d'un quart d'heure, Tantine discute avec la maman de Clément, et Maël commence à s'ennuyer. Il entend les cris et les rires au-dessus de lui… Marion et Clément ont l'air de bien s'amuser, ils lui font signe de les rejoindre par une autre échelle de corde. Maël s'approche des cordes, méfiant, puis il monte, lentement, et prend peu à peu de l'assurance. Marion et Clément sont tout en haut, sur une large plate-forme, et, quand Maël les rejoint, il voit toute la forêt alentour.

On se croirait dans la jungle : ils croient voir des singes qui glissent de branche en branche, et même un paresseux, la tête en bas, à moitié endormi. Des oiseaux merveilleux bondissent en pépiant, tout joyeux sous le soleil ! Nos trois amis ne voient pas le temps passer, et rêvent d'aventures dans des pays lointains, en Afrique ou en Asie, de voyages à dos d'éléphant ou de chameau.
Mais le téléphone de Tantine sonne. Ce sont les parents de Maël qui ont fini leurs achats et qui vont passer le chercher. Quel dommage ! Déjà ! Juste quand on commençait à s'amuser ! Marion redescend, suivie de Maël et de Clément. Quand ils arrivent au pont, Maël a un peu peur, mais Marion lui tend la main, et ils avancent prudemment, avant de courir en riant vers Tantine et les parents de Maël. C'est le moment des adieux, et Maël remercie pour cette bonne journée. Dans la voiture, il raconte à ses parents leurs exploits dans les branches. Sa maman demande :
– Mais tu n'as pas eu le vertige ?
Maël répond :
– Oh, juste un petit peu !
Quand ils arrivent à la maison, Papa lui dit :
– Il y a une surprise pour toi, ferme les yeux et tiens ma main !
Maël est tout excité et se laisse guider jusqu'à sa chambre, où il découvre son nouveau lit, un lit en hauteur, avec un grand bureau juste en dessous ! Maël escalade l'échelle et s'installe dans son lit, tout en haut ! Il est plus grand que Papa et Maman !

– Tu n'auras pas peur, là-haut ? dit Maman.
– Non, répond fièrement Maël, j'ai fait de l'accrobranche, alors je n'ai plus peur !
Cette nuit-là, Maël a rêvé de paysages mystérieux et lointains, peuplés d'éléphants et de chameaux, qu'il découvrait comme un vrai explorateur !

Je mets mes pas dans tes pas

Refrain : Je mets mes pas dans tes pas.
Tu me conduis vers ton Père.
Je veux marcher avec toi, Jésus,
Chemin d'espérance.

1. Tu donnes sens à notre vie,
Tu nous appelles tes amis,
Je crois en toi, Jésus vivant,
En ton amour toujours présent.

2. Tu mets la joie dans notre cœur,
Que ta Parole vive en nous,
Tu nous invites au vrai bonheur,
À rayonner de toi, partout.

3. Tu nous apprends comment prier,
Dieu, Notre Père qui nous connaît,
À lui parler, à le chanter,
Le rencontrer, le célébrer.

4. Viens vivre en nous à chaque instant,
Jésus si proche, ouvre nos yeux,
Que l'Esprit Saint comme un grand vent,
Ravive en nous les dons de Dieu.

Ne craignez pas

(Isaïe 35, 4a.5-6)

Alors que l'histoire du peuple d'Israël est marquée par de nombreuses guerres, Isaïe annonce la venue de Dieu parmi les hommes. Dieu lui-même leur apportera ses bienfaits.

4 Dites aux gens qui s'affolent :
« Soyez forts, ne craignez pas. Voici votre Dieu. […] »

5 Alors se dessilleront* les yeux des aveugles,
et s'ouvriront les oreilles des sourds.

6 Alors le boiteux bondira comme un cerf, et la bouche
du muet criera de joie ; car l'eau jaillira dans le désert,
des torrents dans le pays aride.

*« se dessilleront » veut dire « s'ouvriront ».

Le baptême de Jésus

(Marc 1, 4.8-11)

Arrivant de Galilée, Jésus vient se faire baptiser par Jean.
Au moment où Jésus sort de l'eau, il voit l'Esprit Saint descendre sur lui comme une colombe...
Du ciel, une voix se fait entendre :
TU ES MON FILS BIEN-AIMÉ ; EN TOI JE TROUVE MA JOIE !

Les amis de Jésus le voient souvent s'éloigner du monde et du bruit pour prier Dieu son Père. Ils ont le désir de faire comme lui et d'apprendre à prier. C'est alors que Jésus leur apprend à se tourner vers Dieu en disant : Notre Père.

Seigneur, apprends-nous à prier

(Luc 11, 1-4)

1 Il arriva que Jésus, en un certain lieu, était en prière.
Quand il eut terminé, un de ses disciples lui demanda :
« Seigneur, apprends-nous à prier, comme Jean le Baptiste,
lui aussi, l'a appris à ses disciples. »

2 Il leur répondit : « Quand vous priez, dites :
Père, que ton nom soit sanctifié, que ton règne vienne.

3 Donne-nous le pain dont nous avons besoin pour chaque jour.

4 Pardonne-nous nos péchés, car nous-mêmes,
nous pardonnons aussi à tous ceux qui ont des torts envers nous.
Et ne nous laisse pas entrer en tentation. »

Notre Père qui es aux cieux,
que ton nom soit sanctifié,
que ton règne vienne,
que ta volonté soit faite
sur la terre comme au ciel.
Donne-nous aujourd'hui
notre pain de ce jour.
Pardonne-nous nos offenses,
comme nous pardonnons aussi
à ceux qui nous ont offensés.
Et ne nous soumets pas à la tentation,
mais délivre-nous du Mal.

Benoît

Benoît est un jeune homme riche. Mais, vers l'âge de 20 ans, il décide de tout quitter, sa famille, la richesse... Il part vivre tout seul dans une grotte, et il prie Dieu loin de toute tentation.

Au bout de quelque temps, des moines demandent à Benoît de les rejoindre pour les guider. Rapidement, Benoît se rend compte que les moines n'acceptent pas de suivre ses conseils. Les moines refusent la vie simple, faite de travail et de prière qu'ils trouvent trop difficile. Les semaines passent, les moines trouvent que Benoît est trop exigeant. Ils décident de l'empoisonner. Heureusement, Benoît s'en aperçoit !

Il leur pardonne et repart dans sa grotte pour vivre comme il le souhaite, seul, au plus près de Dieu.

Mais petit à petit de nombreuses personnes lui demandent conseil, pour suivre son exemple. Certains veulent vivre comme lui et avec lui.

Partout dans le monde, des monastères suivant cette règle vont être construits. Il en existe aujourd'hui encore sur tous les continents.

Les hommes et les femmes qui vivent à la manière de saint Benoît s'appellent *les bénédictins et les bénédictines*.

Alors, Benoît décide de quitter sa grotte, de vivre avec ses compagnons. La vie ensemble s'organise. Ils sont de plus en plus nombreux. Des personnes accourent pour le voir, lui parler, le rencontrer. Benoît les aide, les soigne, nourrit ceux qui en ont besoin. Certains sont jaloux de lui, il est de nouveau menacé... Une fois encore, Benoît part avec seulement quelques moines car il ne veut pas de dispute, mais seulement la paix.

Il prend la direction du sud de l'Italie, avec ses amis, où Benoît décide de construire un monastère, dans un lieu isolé tout en haut d'une colline. Là, de nouveau, il va accueillir de nombreux jeunes hommes désirant comme lui donner leur vie à Dieu. Il va leur apprendre à vivre ensemble, à travailler de leurs mains, à s'aimer, à accueillir et soigner les pauvres, à se retrouver pour prier ensemble sept fois par jour. La règle de saint Benoît est née !

Saint Benoît naît en 480 dans une riche famille italienne. Il meurt en 547 entouré de ses frères moines. Il est fêté le 11 juillet.

Prophète

C'est une personne qui est envoyée par Dieu pour parler en son nom. Il est à l'écoute de Dieu. Il invite les gens de son époque à changer de vie pour se rapprocher de Dieu par des paroles qui bousculent et qui encouragent.

Prier

Prier, c'est écouter et parler à Dieu, à Jésus, à l'Esprit Saint. Nous pouvons nous adresser à eux, comme à des amis, avec des mots de tous les jours ou avec des mots que l'Église nous donne pour prier. Nous pouvons prier seul, dans notre chambre, dans la nature, ou à plusieurs en famille ou en Église, comme le dimanche à la messe.

Notre Père

C'est la prière que Jésus a apprise à ses disciples pour leur dire comment parler à Dieu son Père. Depuis, les chrétiens continuent, dans le monde entier, à s'adresser à Dieu avec ces mots-là. En disant « Notre Père », nous comprenons que nous sommes ses fils et ses filles, et que nous sommes ensemble frères et sœurs de Jésus.

Fils de Dieu

Dans les Évangiles, Jésus est parfois appelé « Fils de Dieu ». Dieu lui-même lui donne ce nom le jour de son baptême : « Tu es mon Fils bien-aimé. » (Mc 1, 11) Cette expression montre le lien d'amour très fort qui existe entre Jésus et Dieu le Père.

Témoignage

Notre façon de vivre et de parler dit quelque chose de ce qui est important pour nous, c'est un témoignage. Les chrétiens essaient de vivre à la manière de Jésus pour montrer son amour pour tous les hommes.

Se faire proche

Celui qui se fait proche de quelqu'un d'autre se rend attentif à lui, à ses soucis comme à ses joies. Il a envie qu'il soit heureux. Avec Jésus devenu homme, Dieu se fait proche de tous les hommes. Il s'intéresse à chacun de nous comme un parent qui aime chacun de ses enfants.

PAR TOI SEIGNEUR, LA VIE JAILLIT !

La couette de Julia

Trois coups légers frappés sur le carreau de la fenêtre. Julia laisse un instant son sac et s'approche : personne n'est à la fenêtre, mais Julia connaît le signal. Ding ! Dong ! La sonnette la fait pourtant sursauter.

– C'est Jules ! Laissez-moi ouvrir !

Le bonnet enfoncé jusqu'aux yeux, les joues rouges de froid, Jules arbore un grand sourire.

– J'ai presque fini mon sac, viens vite, je vais te montrer !

Pendant que les mamans discutent, Jules et Julia s'engouffrent dans la chambre de Julia. Sa petite sœur aimerait bien entrer, mais Julia claque la porte.

– Tu auras la chambre pour toi toute seule ce soir, lui crie-t-elle à travers la porte fermée. Maintenant, tu nous laisses !

Julia ne tient pas en place. C'est la première fois qu'elle va dormir en dehors de la maison, et elle a peur d'avoir oublié quelque chose d'essentiel. Sur son lit, un grand sac de voyage est à moitié rempli. Sur l'autre lit, un monceau d'affaires attend d'être jeté dans le sac.

– Regarde, Jules, j'ai pris mon pyjama rouge, c'est mon préféré, avec lui je fais des rêves géniaux ; mon oreiller, parce qu'il est tout doux ; mes chaussons, c'est ma grand-mère qui me les a offerts à Noël ; ma brosse à dents, ma brosse à cheveux, mes barrettes…

Au fur et à mesure qu'elle les énumère, Julia enfourne les objets dans le sac, qui bientôt déborde.

– La bouteille d'eau c'est si j'ai soif la nuit ; ma lampe de poche, mes vêtements pour demain…
Quelques livres, un jeu vidéo et la robe de chambre viennent encore arrondir la panse du sac.
– Maintenant, aide-moi, on va prendre ma couette.
Jules et Julia s'évertuent à faire rentrer au moins un morceau de la couette dans le sac, mais rien n'y fait. Julia s'énerve, retire toute la couette d'un coup et brusquement éclate en sanglots.
– Je ne peux pas aller dormir chez toi ! Je ne peux pas dormir sans ma couette !
Jules essaie de consoler son amie :
– Chez moi aussi il y a une couette, presque comme la tienne.
Mais Julia s'entête :
– C'est impossible, je ne PEUX PAS dormir sans ma couette !!!
Au bruit des pleurs de Julia, sa maman accourt.
Les yeux de Jules semblent dire : « Faites quelque chose, moi je n'y arrive pas ! »
La maman de Julia tente de convaincre sa fille, mais c'est peine perdue, Julia s'enferme dans son refus d'aller dormir chez Jules. Même la proposition de mettre la couette dans un deuxième sac ne lui convient pas.
La tête basse, les yeux tristes, Jules retourne dans le salon pour annoncer que Julia ne viendra pas dormir chez lui ce soir. En sortant de l'immeuble, il passe devant la fenêtre de Julia : elle pleure toujours, recroquevillée au pied de son lit, la tête posée sur ses bras.

– Toc toc ! Je peux entrer ?
C'est la voix de Salomé, la grande sœur de Julia, qui a seize ans.
Elle vient s'asseoir à côté de Julia, sans rien dire ; elle allume son petit ordinateur portable et regarde des photos dessus.
– Regarde, Julia, la photo de toi l'été dernier. C'est le jour où tu as essayé l'escalade. C'était top, non ?
Julia jette un œil, renifle, ne dit rien. Les photos continuent à défiler sur l'écran. Salomé s'arrête sur celles où l'on voit Julia.
– Et là, c'est la première fois que tu as réussi à sauter du plongeoir.
Je t'ai prise en photo juste au moment où tu t'élançais !
– Là, tu étais petite, c'était chez Grand-Père et Nannie. Tu te rappelles ?

Julia observe la petite fille qu'elle était alors, un casque rose sur la tête, fière sur son vélo.
– Je me souviens, c'est Grand-Père qui a enlevé les roulettes, il a couru à côté de moi et il m'a lâchée…
– Les roulettes, c'est comme ta couette, continue Salomé. Tu crois en avoir besoin et en fait tu y arrives très bien sans elle.
Julia réfléchit un moment, puis d'un bond elle se lève, court vers sa maman.
– Maman, tu peux m'emmener chez Jules… s'il te plaît ! ajoute-t-elle d'un ton suppliant. Je laisse ma couette ici !
Derrière elle, Salomé attrape déjà les clefs de la voiture :
– Et c'est moi qui prends le volant, parce que, depuis aujourd'hui, j'ai le droit de conduire en conduite accompagnée !

Un nouveau jour

1. Il était un matin, tout encore endormi.
Le miroir souriait, c'est vrai que tu grandis.
Il va falloir ranger les habits trop étroits,
Les jouets de petits, même s'ils comptent pour toi.

Debout,
Pour avancer,
Je suis à tes côtés.
La vie est un chemin,
Ensemble vers demain :
Lève-toi !

2. Un jour, il faut laisser, pour un temps, le cœur lourd
Ceux que l'on aimait bien, et parfois pour toujours.
Les amis qui s'en vont, sur les trottoirs chagrins.
Une voix te murmure : « Je suis là, prends ma main. »

3. Il était un matin, à 2 000 ans de là,
Au pied d'une piscine appelée Bethzatha,
« Je suis paralysé, dans cette eau plongez-moi. »
Prenant pitié de l'homme, Jésus dit : « Lève-toi ! »

4. Les amis de Jésus étaient souvent surpris
Quand il leur partageait les secrets de sa vie :
« Et ma vie je la donne, librement, par amour.
Vous referez cela, vous aussi, chaque jour. »

5. Il était un matin, tout encore endormi.
La nouvelle a jailli en déchirant la nuit :
Sur la croix, dans la mort, Jésus fut emporté
Mais des témoins l'ont vu, Vivant, Ressuscité !

Vivant,
Ressuscité !
Toujours, à nos côtés
Il est notre Chemin
Vers l'Amour, vers la Vie :
Jésus Christ !

Le paralytique

(Jean 5, 5-9.15-16)

Lève-toi, prends ton brancard, et marche!
Je suis guéri!
Cet homme m'a rendu la santé!
Le jour du sabbat?
Mais c'est interdit!
Ce Jésus va trop loin...

Ceux qui marchaient devant et ceux qui suivaient
criaient : « Hosanna ! Béni soit celui qui vient
au nom du Seigneur ! » (Marc 11, 9)

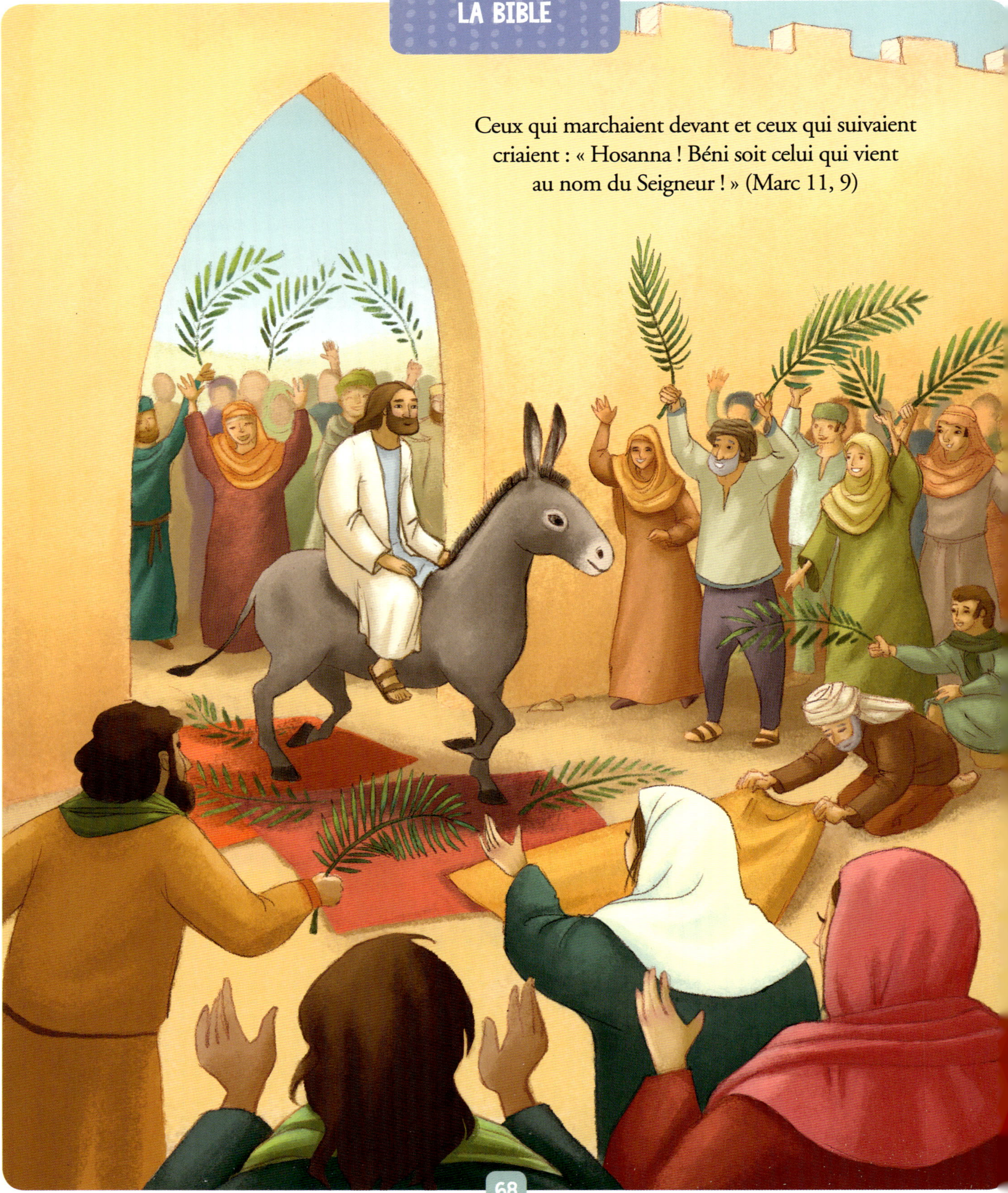

Pendant le repas, Jésus, ayant pris du pain et prononcé la bénédiction, le rompit, le leur donna, et dit : « Prenez, ceci est mon corps. » (Marc 14, 22)

Si donc moi, le Seigneur et le Maître, je vous ai lavé les pieds, vous aussi, vous devez vous laver les pieds les uns aux autres. (Jean 13, 14)

Alors Jésus leur déclara :
« Suis-je donc un bandit, pour que vous soyez venus vous saisir de moi, avec des épées et des bâtons ? » (Marc 14, 48)

Les grands prêtres multipliaient contre lui les accusations.
(Marc 15, 3)

Le centurion qui était
là en face de Jésus,
voyant comment
il avait expiré, déclara :
« Vraiment, cet homme
était Fils de Dieu ! »
(Marc 15, 39)

Vous cherchez Jésus de Nazareth,
le Crucifié ? Il est ressuscité.
(Marc 16, 6b)

Qui cherches-tu ?

(Jean 20, 11-16.18)

Trois jours sont passés depuis la mort de Jésus sur la croix. Marie Madeleine, une de ses amies, vient pleurer près du tombeau de Jésus. Elle sera très surprise de la rencontre qu'elle fera.

11 Marie Madeleine se tenait près du tombeau,
au-dehors, tout en pleurs. Et en pleurant,
elle se pencha vers le tombeau.

12 Elle aperçoit deux anges vêtus de blanc,
assis l'un à la tête et l'autre aux pieds,
à l'endroit où avait reposé le corps de Jésus.

13 Ils lui demandent :
« Femme, pourquoi pleures-tu ? »
Elle leur répond : « On a enlevé mon Seigneur,
et je ne sais pas où on l'a déposé. »

14 Ayant dit cela, elle se retourna ;
elle aperçoit Jésus qui se tenait là,
mais elle ne savait pas que c'était Jésus.

15 Jésus lui dit :
« Femme, pourquoi pleures-tu ? Qui cherches-tu ? »
Le prenant pour le jardinier, elle lui répond :
« Si c'est toi qui l'as emporté,
dis-moi où tu l'as déposé,
et moi, j'irai le prendre. »

16 Jésus lui dit alors : « Marie ! »
S'étant retournée, elle lui dit en hébreu :
« Rabbouni ! », c'est-à-dire : Maître.

18 Marie Madeleine s'en va donc annoncer
aux disciples : « J'ai vu le Seigneur ! »,
et elle raconta ce qu'il lui avait dit.

Alleluia !

Chantons pour Dieu, il est le Seigneur,

Toute la terre chante son Amour

Maintenant et toujours.

Dieu nous aime et prend soin de nous,

Nous qui aimons le Seigneur,

Chantons pour lui !

Alleluia !

(D'après le psaume 117)

Maximilien Kolbe

En 1939, la Seconde Guerre mondiale éclate. Les chefs de l'Allemagne, les nazis, envahissent la Pologne et les pays voisins. Ils décident d'arrêter et de faire mourir ceux qui sont différents d'eux, spécialement les Juifs. Des hommes et des femmes résistent et viennent en aide aux personnes menacées.

Maximilien Kolbe est prêtre. Il refuse d'obéir aux nazis, il cache des hommes, des femmes et des enfants pour les sauver. Mais il est dangereux de s'opposer aux nazis. En 1941, il est arrêté et déporté au camp d'Auschwitz, un camp dont personne ne revient vivant. Les conditions de vie sont terribles, les prisonniers doivent travailler très dur, ils sont mal nourris et souvent maltraités. Ils perdent

Maximilien a **donné sa vie par amour**, pour un homme qu'il ne connaissait pas.

rapidement tout espoir. Maximilien essaie par ses gestes, sa gentillesse, ses prières, de les aider, de les soutenir et de les réconforter.

Deux mois après son arrivée, un des prisonniers du camp réussit à s'évader.

En punition, les soldats choisissent dix hommes au hasard et les condamnent à mourir. Maximilien propose aux soldats de donner sa vie en échange de celle d'un jeune père de famille. Il console et bénit les neuf prisonniers innocents qui meurent les uns après les autres. Dernier survivant, le père Kolbe est exécuté alors qu'il prie.

Il est déclaré saint par le pape Jean-Paul II le 10 octobre 1982. Il est fêté le 14 août.

Espérance

L'espérance chrétienne c'est la confiance, c'est croire que Dieu nous aime. Elle nous permet de traverser toutes les épreuves, même les plus difficiles. L'espérance grandit dans la prière et le partage avec d'autres.

Pâque(s)

C'est une fête importante pour les Juifs et les chrétiens. Le jour de la Pâque, les Juifs se souviennent que Dieu les a sauvés. Ils étaient esclaves en Égypte et Dieu les a fait passer vers la liberté. À Pâques, les chrétiens font mémoire de cette libération et célèbrent la résurrection de Jésus qui est passé de la mort à la vie. Jésus Christ est vivant pour toujours !

Résurrection

« Ressusciter » vient d'un verbe qui veut dire « se lever, se mettre debout ». Pour les chrétiens, il dit le passage de la mort à la vie. Jésus est ressuscité d'entre les morts au matin de Pâques, il a été plus fort que la mort. Depuis notre baptême, nous vivons déjà de cette vie nouvelle, qui nous fait tenir debout. C'est notre espérance en une vie après la mort, une vie dans l'amour de Dieu.

Alleluia

En hébreu, la langue de Jésus, cela veut dire « Louez Dieu ! ». À la messe, avant d'écouter l'Évangile, nous chantons « Alleluia » car nous sommes heureux : Jésus est vivant, il nous parle aujourd'hui. Au matin de Pâques, cette acclamation retentit pour célébrer Jésus ressuscité.

Cierge pascal

Au cours de la nuit de Pâques, les chrétiens allument un grand cierge sur lequel est dessinée une croix. C'est une grande bougie, plus grande que toutes les autres, qui rappelle que Jésus est vivant, qu'il est ressuscité après être mort sur la croix. À ton baptême, ton parrain a allumé un cierge à ce cierge pascal pour rappeler que tu es invité à être toi aussi lumière pour les autres.

Semaine sainte

Chaque année, pendant une semaine entière, les chrétiens se rappellent des événements qui sont arrivés à Jésus avant et après sa mort. Les trois derniers jours sont les plus importants. Du Jeudi saint à la veillée pascale le samedi, nous célébrons le passage de la mort à la résurrection du Christ. La joie éclate dans la nuit de Pâques !

ENSEMBLE AU SOUFFLE DE L'ESPRIT

Maloé des mers

Pour sûr, Maloé aimerait être Capitaine de Vaisseau, comme son grand-père Papitaine ! Son bateau s'appellerait le *Haag-Dick*, parce que Maloé aime beaucoup les Vikings.
Elle pourrait alors mettre son grand frère Isaac dans la chaloupe, et le traîner au bout d'un filin lorsqu'il efface sa session de jeu sur l'ordinateur. Elle mettrait sa petite sœur Louna en haut de la dunette pour ne plus l'entendre raconter des sornettes à longueur de journée. C'est elle qui donnerait des ordres à ses parents : « Lavez le pont ! Hissez le grand cacatoès ! » (ou bien est-ce le grand Cacatois ? Maloé ne sait plus très bien). Toute la famille lui obéirait au doigt et à l'œil, et sans elle personne ne pourrait faire voguer le bateau. Elle serait la grande Maloé des Mers !

Un matin, après avoir écumé la mer des Caraïbes, Maloé aurait crié :
– Cap au Sud ! Nous allons rejoindre Papitaine dans le Pacifique Sud !
– Mais, ma pauvre Maloé, tu n'y penses pas ! Tu n'y arriveras jamais, tu es trop petite ! Sais-tu qu'il faut passer par les Quarantièmes Rugissants, puis affronter les Cinquantièmes Hurlants pour arriver au Cap Horn ?
Argggh ! Cet Isaac ! Toujours à lui dire ce qu'elle doit faire ! Mais Maloé veut voir son grand-père Papitaine :
– Cap au sud, j'ai dit !
On borde les voiles, la barre tourne sur son axe, le bateau vire de bord. Les voici partis pour le Grand Sud.

La route est longue jusqu'au cap Horn, mais Maloé reste jour et nuit sur le pont : en bon capitaine, elle veille sur le bateau et sur toute la famille.

Un matin, une voile noire apparaît à l'horizon, grossissant d'heure en heure. Des pirates ! Malheur de malheur ! Maloé se sent toute petite brusquement.
Arrivés à leur hauteur, les pirates lancent des grappins sur le *Haag-Dick*.
Les jambes de Maloé se mettent à trembler. Heureusement, Isaac lui glisse à l'oreille :
– Ne t'inquiète pas, petite sœur, je m'en charge !
Bravant les pirates, leurs regards noirs, leurs jambes de bois et leurs sabres affûtés, Isaac s'avance vaillamment :
– Que voulez-vous ?
– Votre bateau. Nous vous laissons le nôtre en échange.
Les pirates ricanent en se jetant des regards en coin.
Le sang de Maloé ne fait qu'un tour : laisser son bateau ! Mais c'est le bateau de SA famille ! Ça, JAMAIS !!!
– Et qu'a-t-il donc, votre bateau, pour que vous vouliez l'échanger ? questionne Isaac.
Silence. Les pirates n'osent rien dire. D'une écoutille sort alors la tête hirsute d'un mousse :
– Ben, il est troué ! Y a plein d'eau au fond.

Les pirates sont furieux contre le mousse qui a dévoilé leur secret.
– Et si je vous le répare, vous le gardez ?
Le capitaine des pirates dodeline de la tête.
– Faut voir…
Ni une ni deux, Isaac va chercher sa boîte à outils et s'enfonce dans la cale du bateau pirate. Les heures passent. On entend de grands coups de marteau, des « Ouille ! », des « Splatch », des « Poc poc ! », des « Dzing Dzing ! ». Le soleil se couche quand Isaac ressort enfin. Il est noir de poussière, ses cheveux sont collés avec des toiles d'araignée, il est trempé jusqu'au ventre. Mais un grand sourire fend son visage.
– Ça y est, c'est réparé ! Il n'y a plus qu'à écoper !
Les pirates sautent de joie. En moins de temps qu'il ne faut pour le dire, ils remercient Isaac et s'éloignent du *Haag-Dick* à toute voile.
Ouf, ils l'ont échappé belle !

Mais le Grand Sud est encore loin, et Papitaine les attend. Maloé fait reprendre la route à tout l'équipage.
Les jours succèdent aux jours, les semaines aux semaines. Les chaleurs des tropiques ne sont plus qu'un souvenir, il fait froid, il pleut. Maloé doute : va-t-elle réussir à franchir le cap Horn, celui que tout marin doit avoir franchi une fois dans sa vie ? Tout l'équipage est découragé, fatigué, transi de froid. Tous ? Non, pas Louna. Louna reste toujours aussi gaie, bavarde, chantante. Chaque fois que Maloé passe un moment avec sa petite sœur, elle retrouve de l'énergie. Plus question de mettre Louna en haut de la dunette. Au contraire, elle est à chaque instant avec les uns ou les autres. Grâce à elle, tout l'équipage retrouve le moral. Le soir, elle organise des concours de chansons et au matin, elle invente des jeux avec les dauphins qui glissent le long de la coque. On en oublie la pluie et la tempête qui gronde.

Quand le cap Horn est enfin en vue, le vent est déchaîné, les embruns se jettent sur le navire. La proue du bateau s'enfonce dans chaque vague comme dans un gouffre sans fond. Tout le monde est à son poste : Maman est venue aider Maloé à tenir la barre, et elles ne sont pas trop de deux ! Papa indique le cap, surveille les icebergs et les rochers. Isaac s'occupe des voiles et répare toutes les avaries que les déferlantes provoquent ; Louna prépare à chacun les sandwichs qu'il préfère pour aider tout le monde à tenir le coup.

Ouf ! Au bout de quelques heures, les voilà sortis d'affaire. Hourrah ! Le Cap Horn a été franchi ! Maloé des Mers regarde sa famille avec fierté : sans chacun d'eux, jamais ils n'auraient réussi un tel exploit ! Papitaine, tu peux être content de nous !

Pour sûr, Maloé aimerait être capitaine de vaisseau. Son bateau s'appellerait le *Haag-Dick*, parce que les ancêtres de sa famille étaient des Normands. Elle nommerait Isaac Maître Calfat et Grand Charpentier ; sa maman serait Lieutenant de Vaisseau, et son papa, Maître Pilote. Quant à Louna, elle recevrait la charge de Troubadour du Bâtiment. Avec un tel équipage, c'est sûr, ils pourraient faire le tour du monde et retrouver Papitaine !

Sur ton grand bateau

Refrain : Je veux monter Seigneur, sur ce grand bateau
Personne n'est de trop, sur ton grand bateau

1. Ensemble, si différents,
Du plus petit au plus grand,
Au souffle de l'Esprit,
Nous voici tous réunis.

2. Ensemble, c'est important,
Les enfants et les parents,
Au souffle de l'Esprit,
On apprend à être unis.

3. Ensemble, tant de croyants
Ont traversé l'océan,
Au souffle de l'Esprit,
Ont vogué de jour, de nuit.

4. Ensemble, en découvrant
le silence simplement,
Au souffle de l'Esprit,
Ta Parole nous remplit.

5. Ensemble, tu nous apprends
À devenir bien vivant,
Au souffle de l'Esprit,
Tu nous guides vers la Vie.

Jésus parcourt les chemins de son pays, il annonce la Bonne Nouvelle de Dieu. Il commence à être connu parce qu'il guérit de nombreux malades, fait des gestes extraordinaires. C'est alors que Jésus appelle des hommes à le suivre pour qu'ils deviennent ses amis.

La pêche miraculeuse

(Luc 5, 1-11)

1 Or, la foule se pressait autour de Jésus pour écouter
la parole de Dieu, tandis qu'il se tenait au bord
du lac de Génésareth.

2 Il vit deux barques qui se trouvaient au bord du lac ;
les pêcheurs en étaient descendus et lavaient leurs filets.

3 Jésus monta dans une des barques qui appartenait
à Simon, et lui demanda de s'écarter un peu du rivage.
Puis il s'assit et, de la barque, il enseignait les foules.

4 Quand il eut fini de parler, il dit à Simon :
« Avance au large, et jetez vos filets pour la pêche. »

5 Simon lui répondit : « Maître, nous avons peiné toute la nuit sans rien prendre ;
mais, sur ta parole, je vais jeter les filets. »

6 Et l'ayant fait, ils capturèrent une telle quantité de poissons
que leurs filets allaient se déchirer.

7 Ils firent signe à leurs compagnons de l'autre barque de venir les aider. Ceux-ci
vinrent, et ils remplirent les deux barques,
à tel point qu'elles enfonçaient.

8 À cette vue, Simon-Pierre tomba aux genoux de Jésus, en disant :
« Éloigne-toi de moi, Seigneur, car je suis un homme pécheur. »

9 En effet, un grand effroi l'avait saisi, lui et tous ceux qui étaient avec lui, devant
la quantité de poissons qu'ils avaient pêchés ;

10 et de même Jacques et Jean, fils de Zébédée, les associés de Simon.
Jésus dit à Simon : « Sois sans crainte,
désormais ce sont des hommes que tu prendras. »

11 Alors ils ramenèrent les barques au rivage et, laissant tout, ils le suivirent.

La Pentecôte

(Actes des Apôtres 2, 1-8.14.32)

Dans la foule attirée par le bruit, il y a beaucoup d'étrangers. Pourtant, chacun comprend leurs paroles.
Jésus est ressuscité, nous en sommes témoins!
Ces gens ne sont-ils pas galiléens ?
Pourtant, je les entends parler dans ma langue!

Ha ha! Ils ont trop bu!
Pas du tout!
Comprenez ce qui se passe aujourd'hui...
L'Esprit Saint qu'il a reçu de son Père, Jésus l'a répandu sur nous, comme il l'avait promis!
À ces mots, tous sont bouleversés.
Frères, que devons-nous faire?
Changez vos cœurs, faites-vous baptiser au nom de Jésus Christ et vous recevrez vous aussi l'Esprit Saint!
Ce jour-là, trois mille personnes demandent à recevoir le baptême.

MA PRIÈRE

Heureux es-tu, toi qui marches dans les pas du Seigneur.
Heureux es-tu, toi qui vis dans une famille où chacun a sa place.
Le Seigneur t'offre le bonheur.
Il te bénit tous les jours de ta vie.
Le Seigneur te promet la paix.
Heureux es-tu !

(D'après le psaume 128)

Jean-Paul II

Jean-Paul II s'appelait Karol Wojtyla avant d'être pape. Il est né en Pologne en 1920. Il est devenu pape à 58 ans. Et il l'est resté pendant longtemps, plus de 26 ans.

Il a alors beaucoup voyagé **pour faire connaître l'Évangile, rassembler la grande famille des catholiques et rapprocher tous les hommes qui veulent la paix**. En 1981, un homme tente de le tuer en lui tirant dessus. Jean-Paul II est très gravement blessé. Après de longues semaines d'hôpital, il se remet petit à petit et pardonne à celui qui a voulu le tuer.

Jean-Paul II a été un pape très marquant. Ses premières paroles de pape sont gravées dans les mémoires des chrétiens : « N'ayez pas peur ! Ouvrez toutes grandes les portes au Christ ! » Cette audace, il la gardera toute sa vie.

Il a beaucoup voyagé, il a rencontré de nombreuses personnes. Avec tous, il voulait que le dialogue soit possible.

Aux jeunes, il disait : « Vous êtes l'avenir du monde, l'Église compte très fort sur vous ! » Régulièrement, il invitait les jeunes du monde entier à se réunir. Ainsi commencent les JMJ (Journées mondiales de la jeunesse).

Aux dirigeants des différents pays, il demandait de travailler à la paix, à la solidarité, à la justice, à la liberté.

Aux responsables des différentes religions, il a lancé une invitation à se réunir et à prier pour la paix.

Pour lui, il était très important que, dans tous les pays, la vie des hommes, des femmes et des enfants soit protégée et respectée, du début à la fin.

Il est déclaré saint le 27 avril 2014.

Le pape est le successeur de saint Pierre, le premier à qui Jésus a confié son Église. Le mot « pape » vient du grec *papas* qui veut dire « père ». Comme un père, il fait tout pour que la famille des catholiques reste unie, forte et heureuse dans la foi. Ses paroles, ses actions sont regardées, commentées dans le monde entier, bien au-delà de l'Église.

Baptême

Le jour de ton baptême, tu es entré dans la famille des chrétiens. Tu as été marqué du signe de la croix. Tes parents et tes parrain et marraine ont dit leur désir de te voir marcher à la suite de Jésus. Par l'eau qui a été versée sur ton front et le vêtement blanc que tu as revêtu, tu es appelé à vivre de la vie de Jésus.

Chrétiens

Toutes les personnes qui sont baptisées au nom de Jésus, mort sur la croix et ressuscité, sont appelées « les chrétiens ». Le mot « chrétien » vient du mot « Christ », qui désigne Jésus. Les chrétiens forment une famille. Comme Jésus, ils écoutent la parole de Dieu et la mettent en pratique.

Credo

À la messe, le dimanche, nous disons le Credo. En latin, cela veut dire « je crois ». C'est un texte qui dit la foi de l'Église. En le proclamant avec les autres, tu dis en qui tu crois :

– Je crois en Dieu créateur.

– Je crois en Jésus Christ mort et ressuscité.

– Je crois en l'Esprit Saint.

JE CROIS

Église

Tu peux écrire le mot « Église » avec un « É » ou un « é ».
Si tu l'écris avec une majuscule (« É »), tu parles de la grande famille des chrétiens, l'ensemble de tous les baptisés.
Si tu l'écris avec une minuscule (« é »), tu parles du ou des bâtiments où se réunissent les chrétiens.
C'est là que l'on célèbre la messe.

Pentecôte

Cinquante jours après Pâques, les chrétiens fêtent le don que Jésus a fait à ses apôtres : il leur a envoyé son Esprit. Les apôtres alors remplis de la présence de Dieu et de sa force sont capables de parler de Jésus ressuscité à tous ceux qu'ils rencontrent.

Esprit Saint

L'Esprit Saint est une force, on le compare souvent au vent. On ne le voit pas, mais c'est lui qui nous permet de vivre en enfant de Dieu, qui nous fait appeler Dieu « Notre Père ». Tu l'as reçu au jour de ton baptême.